LEKTÜRESCHLÜSSEL
FÜR SCHÜLERINNEN UND SCHÜLER

Paul Auster

Moon Palace

Von Herbert Geisen

Philipp Reclam jun. Stuttgart

Dieser Lektüreschlüssel bezieht sich auf folgende Textausgabe in der Originalsprache: Paul Auster: *Moon Palace*. Hrsg. von Herbert Geisen. Stuttgart: Reclam, 2001 [u. ö.]. (Universal-Bibliothek. 9083.)

RECLAMS UNIVERSAL-BIBLIOTHEK Nr. 15409

Gesamtherstellung: Reclam, Ditzingen
Printed in Germany 2008

ISBN 978-3-15-015409-0

www.reclam.de

Inhalt

1. Erstinformation zum Werk

Als Paul Auster im Jahre 1989 seinen Roman *Moon Palace* veröffentlichte, hatte er sich schon einen Namen als Dichter und Romanautor gemacht. Bereits die *New York Trilogy* (1987) erregte weltweit Aufsehen und wurde in nicht weniger als siebzehn Sprachen übersetzt. Mittlerweile ist Auster zu einem der führenden amerikanischen Romanciers der Postmoderne geworden. Dies ist umso bemerkenswerter, als seine Werke den Leser immer aufs Neue vor schier unlösbare Probleme stellen. Scheinbar konventionelle Kriminalromane wie *City of Glass* (1985) oder »Bildungsromane« wie *Moon Palace* (1989) entpuppen sich als radikale Infragestellungen literarischer Konventionen. Wer am Ende von *City of Glass* wie im Kriminalroman eine Wiederherstellung der gestörten Ordnung erwartet, muss stattdessen erkennen, dass eine solche Ordnung gar nicht existiert und folglich auch nicht wiederhergestellt werden kann. Die »Ordnung« muss sich im Kopf des Lesers immer wieder neu etablieren und aufs Neue bewähren. Daher kann der Leser auch nicht auf die Handlung zurückgreifen, sondern ist gefordert, die Fülle der von dem Erzähler dargebotenen Mosaiksteine selbst zu einem

Der Text als Herausforderung

veröffentlichen: **to publish**
Aufsehen erregen: **to cause a sensation**
Romancier: **novelist**
Kriminalroman: **crime novel, mystery**
Infragestellung: **questioning**
sich bewähren: **to prove its/one's worth**

Ganzen zusammenzusetzen. Die vielen nachprüfbaren Details wie etwa Jahreszahlen, historische Daten und geographische Einzelheiten helfen dabei nur sehr bedingt.

Abkehr von traditionellen Darstellungsmustern

Bereits in der Moderne gibt die Literatur ihren traditionellen Anspruch auf Widerspiegelung der Realität auf. Der Verlust traditioneller Wertvorstellungen zu Beginn des 20. Jahrhundets und der Erste Weltkrieg führten zu einer radikalen Neuorientierung aller kulturellen Bereiche. Für die Literatur bedeutete dies die Abkehr der Autoren von traditionellen Darstellungsmustern und Themen. Angesichts einer zunehmend als sinnlos empfundenen Welt galt es nicht mehr, eine in sich geschlossene fiktive Welt mit konventionellen sprachlichen Mitteln darzustellen. In der Postmoderne verschärft sich diese Tendenz radikal: Eine widerzuspiegelnde, objektive Realität existiert nicht mehr. Realität manifestiert sich vielmehr im Betrachter und stellt sich folglich für jedes Individuum anders dar. Daher verzichten Autoren der Postmoderne auf die Darstellung einer geschlossenen Welt, sondern zwingen den Leser dazu, diese Welt selbst zu konstruieren.

In *Moon Palace* setzt Auster den bereits in *City of Glass* eingeschlagenen Weg fort. So wie er dort den Kriminalroman und die Autobiographie in Frage stellt – der Ro-

Widerspiegelung: **reflection, mirroring**
Neuorientierung: **re-orientation**
Darstellungsmuster: **pattern of presentation**
in sich geschlossen: **coherent**
sprachliches Mittel: **linguistic means**

man ist gespickt mit Anspielungen auf Paul Austers Biographie –, spielt er hier mit literarischen Traditionen und den vielfältigen Lesererwartungen. Zum einen weckt der Titel *Moon Palace* eine ganze Reihe widersprüchlicher Assoziationen. Zum anderen stellt sich bei einem Roman, der als die Lebensgeschichte des Ich-Erzählers angelegt ist, die Frage nach der Verlässlichkeit des Berichteten in besonderer Weise. Schließlich weist der Ich-Erzähler explizit auf die zeitliche Distanz zwischen dem berichteten Geschehen und dem Abfassungszeitraum hin. Zwischen den letzten berichteten Einzelheiten im Jahr 1972 (418) und dem Beginn der Abfassung des Romans durch den Ich-Erzähler liegen immerhin 14 Jahre (154). Der Bericht ist also gefärbt von den gegenwärtigen Einstellungen des Erzählers. Dieses Merkmal von *Moon Palace* wird besonders auffällig, wenn Thomas Effing seinen offensichtlich subjektiven Lebensbericht dem Ich-Erzähler Marco Stanley Fogg erzählt, der ihn dann seinerseits zu einem Teil seines Buches umarbeitet. Die wie auch immer geartete Realität ist hier mehrfach gespiegelt (270 f.). Aus der fiktiven Realität, die dem Bericht Effings zu Grunde liegt, wird in Foggs verschiedenen Versionen eine neue, subjektive »Realität« – die Foggs, und schließlich die des Romanlesers. Auster lässt dem Leser die Freiheit zur

Der Ich-Erzähler: ein zuverlässiger Berichterstatter?

mit Anspielungen gespickt sein: **to abound in allusions**
widersprüchlich: **contradictory**
angelegt sein als: **to be designed, planned as**
Verlässlichkeit: **reliability**
Abfassungszeitraum: **period of composition**
umarbeiten: **to rework**

Die Phantasie des Lesers

Entfaltung seiner Phantasie. Mit deren Hilfe fülle der Leser nach Austers Meinung die von ihm bewusst gelassenen Leerstellen und schaffe sich so ein eigenes Werk. Literatur ahmt also nicht die Realität nach, sondern schafft Realität.

Entfaltung: **development, use**
Phantasie: **imagination**
Leerstelle: **blank**

2. Inhalt

Moon Palace ist die in sieben Kapitel gegliederte Lebensgeschichte des Ich-Erzählers Marco Stanley Fogg. Die einzelnen Kapitel sind in größere, allerdings nicht nummerierte Abschnitte unterteilt. Der Erzähler berichtet nicht chronologisch, sondern in einer Serie von Flashbacks, aus denen sich dann erst die Chronologie der dargestellten Handlungen erschließen lässt.

Erstes Kapitel

Im ersten Kapitel erzählt Fogg die Geschichte seines Lebens von seiner Geburt als einziges Kind seiner unverheirateten Mutter Emily in Boston im Jahr 1947 bis zum August 1969, also bis zu dem Zeitpunkt, als er der Zivilisation den Rücken kehrt und für einige Wochen gänzlich mittellos als Stadtstreicher im Central Park in Manhattan zu überleben versucht.

Nach dem Unfalltod seiner Mutter im Jahr 1958, der ihm eine Entschädigung einbringt, mit der er seine Ausbildung finanzieren soll (18 f.), wird Marco von seinem Onkel Victor, dem zunächst unverheirateten älteren Bruder seiner Mutter, in Chicago und nach einem gänzlich unerwarteten Umzug ab 1958 in Saint Paul großgezogen. Victor ist ein

Ich-Erzähler: **first-person narrator, I-narrator**
mittellos: **without means**
Stadtstreicher: **tramp**
Unfalltod: **accidental death**
jdm. eine Entschädigung einbringen: **to earn s.o. a compensation**

nicht besonders erfolgreicher Klarinettist. Während der Dauer von Victors wenige Jahre später wieder geschiedener Ehe erhält Marco für drei Jahre seine Schulausbildung in einem Internat. Vor Antritt seines Studiums an der Columbia University in New York überlässt ihm Victor seinen gesamten Bücherbestand, den Marco in seiner ersten Wohnung als Mobiliar benutzt. Von dieser Wohnung, die sich in unmittelbarer Nähe der New Yorker Columbia University befindet, blickt man auf ein chinesisches Lokal namens »Moon Palace«.

Marcos Krise

Der plötzliche Tod seines Onkels im Alter von 52 Jahren im Jahr 1967 stürzt Marco in eine tiefe, auch finanzielle Krise, der er durch gänzliche Untätigkeit zu begegnen beschließt (35 f.). Seinen Lebensunterhalt bestreitet er zunächst durch den sukzessiven Verkauf seiner Bücher; er unternimmt aber keine weiteren Versuche, seine finanzielle Situation zu verbessern. Auf der Suche nach seinem Freund David Zimmer lernt er in dessen alter Wohnung die aus Nationalchina stammende, etwa 20-jährige Tanzstudentin Kitty Wu kennen, die ihn zum Abschied zärtlich küsst. Marco ist inzwischen völlig verarmt und ignoriert die wiederholten Kündigungsschreiben des Vermieters. Er wird aufgefordert, am 16. September 1969 zur Musterung für den Wehrdienst zu

Klarinettist: **clarinetist**
Internat: **boarding school**
Mobiliar: **furniture**
jdn. in eine Krise stürzen: **to plunge s.o. into a crisis**
seinen Lebensunterhalt bestreiten: **to pay for one's living**
Musterung: **medical examination for military service**
Wehrdienst: **military service**

erscheinen. Kurz darauf wird er vom Hausmeister der Wohnung verwiesen.

Zweites Kapitel

Marco ist mittellos und obdachlos. Er fristet sein Dasein im Central Park. Da ihn während dieser Zeit zunehmend Bewusstseinstrübungen heimsuchen, ist Marco im Bericht über diese Zeit zum Teil auf die späteren Erzählungen seines Freundes Zimmer und seiner Freundin Kitty angewiesen, von der er erfährt, dass sie vergeblich versucht hat, ihn in seiner Wohnung aufzusuchen. Während der vier Wochen seiner Obdachlosigkeit ernährt sich Marco im Wesentlichen von Abfällen und schläft im Freien. Sein Versuch, die Realität durch einen bloßen Willensakt zu verändern, scheitert jedoch. Kitty und Zimmer finden den fast zum Skelett abgemagerten Freund, der sie im Fieberwahn nicht erkennt.

Bewusstseinstrübungen

Drittes Kapitel

Marco wohnt während seiner Genesung bei Zimmer. Nach dem gescheiterten Versuch, der Realität den eigenen Willen aufzuzwingen, beschließt Marco nun, ein Leben in völliger

Bewusstseinstrübung: **clouding of consciousness**
Abfall: **refuse, garbage**
zum Skelett abmagern: **to become nothing but skin and bones**
Fieberwahn: **delirium**

Selbstlosigkeit (111) zu führen. Unter seinen wenigen Habseligkeiten entdeckt er die Ladung zur Musterung, die er beinahe vergessen hätte. Das Urteil der Ärzte lautet »untauglich«, denn Marco ist immer noch sehr geschwächt und zudem psychisch labil. Marco erfährt von Zimmer, dass Kitty in ihn verliebt ist und ihn deswegen immer wieder besucht. Um Zimmer dafür zu danken, dass er ihn während seiner Krankheit und Gesundung in seine Wohnung aufgenommen hat, fertigt Marco kostenlos eine aufwändige Übersetzung aus dem Französischen an, die eigentlich Zimmer hätte vornehmen sollen. Kitty und Marco beginnen zu dieser Zeit eine innige, auch stark sexuell geprägte Liebesbeziehung. Als die Übersetzung Ende Oktober fertig ist, gehen Kitty, Zimmer und Marco im Lokal »Moon Palace« essen. Marco, auf der Suche nach Arbeit, spricht am nächsten Tag bei einem älteren Herrn vor, der einen Assistenten sucht, der bei ihm wohnen und unter anderem Schreibarbeiten übernehmen soll. Er bekommt die Stelle.

Liebesbeziehung zu Kitty

Viertes Kapitel

Marcos neuer Arbeitgeber ist der 86-jährige blinde und gehunfähige Thomas Effing, der Marco damit beauftragt, ihn auf seinen täglichen Ausflügen im Rollstuhl zu begleiten und ihm dabei genauen Bericht über alles Beobachtete zu er-

Selbstlosigkeit: **selflessness**
gehunfähig: **unable to walk**
jdn. mit etw. beauftragen: **to give s.o. the task of doing s.th.**

statten. Eine weitere Aufgabe besteht darin, seinem Arbeitgeber die von ihm bereitgelegten Bücher vorzulesen.

Effing ist ein äußerst reizbarer, cholerischer und gänzlich unberechenbarer alter Mann aus sehr reichem Haus (210), der sowohl seine langjährige Haushälterin Rita Hume als auch Marco nach Kräften tyrannisiert. Marco ist jedoch glücklich, eine Anstellung sowie Unterkunft und Verpflegung erhalten zu haben. Er verliert für dreizehn Jahre den Kontakt zu Zimmer. Es kommt auch nach einer zufälligen Begegnung mit Zimmer und seiner Familie nicht zu einer Wiederbelebung der Freundschaft. Die Beziehung zu Kitty nimmt dagegen an Intensität noch zu. Im Dezember 1970 beginnt Marcos eigentliche Arbeit, die darin besteht, den Lebensbericht Thomas Effings aufzuschreiben und zur Veröffentlichung als Nachruf vorzubereiten (185).

Wiedersehen mit Zimmer

Thomas Effing begann sein Leben als Julian Barber. Er war nach eigenen Angaben ein begabter Maler. Zu seinen Bekannten gehörte auch Ralph Albert Blakelock, der exzentrische Schöpfer des Gemäldes »Moonlight«. Um Marco darin zu unterweisen, die Wirklichkeit korrekt wahrzunehmen und anschließend korrekt wiederzugeben,

Korrekte Wahrnehmung der Wirklichkeit

reizbar: **irritable**
unberechenbar: **unpredictable**
Wiederbelebung: **revival**
Lebensbericht: **biography**
Nachruf: **obituary**
wahrnehmen: **to perceive**
wiedergeben: **to narrate**

schickt Effing ihn in das Brooklyn Museum of Art, um dort dieses Bild intensiv zu studieren.[1] Erst nach Marcos Museumsbesuch beginnt Effing mit seinem Bericht in wörtlicher Rede (202–231).

Effings Bericht

Er beginnt seine Erzählung mit seinem Entschluss, an einer Expedition in den amerikanischen Westen teilzunehmen. Er berichtet auch von seiner Bekanntschaft mit dem kroatischen Physiker Nikola Tesla, der auf dem Gebiet der Elektrizität forschte und den Wechselstrom einführte.

Die Expedition in das Länderviereck Utah – Arizona – Colorado – New Mexico beginnt im April 1916. Zu diesem Zeitpunkt ist der bereits wohlhabende Barber seit vier Jahren mit der frigiden (215) Elizabeth Wheeler aus einem reichen Haus unglücklich verheiratet. Auf die Expedition begleitet ihn der etwa 18-jährige Edward Byrne. Da der eigentliche Expeditionsleiter einen Unfall erleidet, wird ein ehemaliger Kavalleriesoldat namens Jack Scoresby als Leiter angeheuert. Byrne wird bei einem Reitunfall schwer verletzt. Barber will bei dem Verletzten bleiben, obwohl die Lage aussichtslos ist. Scoresby hält Barbers Vorhaben für sinnlos, verspottet und verlässt ihn mitten in der Wüste, offenbar im Glauben, er werde zusammen mit Byrne ohnehin sterben. Wenige Tage später stirbt Byrne. Barber begräbt die Leiche.

Eine unglückliche Ehe

wörtliche Rede: **direct speech**
kroatisch: **Croatian**
Physiker: **physicist**
Wechselstrom: **alternating current**
Länderviereck: **area near the border of four states**
anheuern: **to hire**
verspotten: **to mock**

Fünftes Kapitel

Einige Tage nach Byrnes Tod entdeckt Barber eine mit Proviant versehene Höhle hoch in den Bergen. In der Höhle findet Barber eine offenbar einem Verbrechen zum Opfer gefallene Leiche, die er begräbt. Da er dem Toten ähnelt, beschließt er, dessen Identität anzunehmen und dessen Kleidung zu tragen. Seine Zeit verbringt er damit, die Höhle und später alle Gegenstände mit Malereien zu bedecken. In dieser Höhle verbringt er die nächsten sieben Monate, bis ihn im März 1917 ein Einheimischer besucht, der aber die Täuschung nicht durchschaut. Von diesem Besucher erfährt Barber den Namen des Toten – Tom – und von den drei Gresham-Brüdern, einer Verbrecherbande, die diese Höhle gelegentlich als Versteck benutzen. Er trifft entsprechende Vorkehrungen, um auf das Eintreffen der Bande vorbereitet zu sein. Mitte Mai 1917 treffen die Banditen ein, werden aber von Barber überrascht und erschossen. Die Beute in der für damalige Verhältnisse enormen Höhe von 20 000 Dollar in bar und 10 000 Dollar in Schuldscheinen nimmt er an sich, um damit unter seinem neuen Namen Thomas Effing eine zweite Existenz zu beginnen – in New York hat man Julian

Ausmalen der Höhle

Zweite Existenz

Proviant: **provisions**
Einheimischer: **native, local**
eine Täuschung durchschauen: **to see through a deception**
Vorkehrungen treffen: **to make preparations**
Beute: **loot**
Schuldschein: **promissory note, IOU, I-owe-you**

Barber bereits für tot erklärt und einen entsprechenden Nachruf veröffentlicht. Als er etwa ein Jahr später Gefahr läuft, erkannt zu werden, meidet er seine gesellschaftlichen Kreise und – getrieben von seinem schlechten Gewissen – vergeudet etwa die Hälfte seines Vermögens in den Spielhöllen und Bordellen von San Franciscos Chinesenviertel.

Überfall

Im August 1919 wird er Opfer eines Überfalls und ist seit dieser Zeit an den Rollstuhl gefesselt. Nach seiner Erholung fährt er nach Frankreich, wo er die nächsten zwanzig Jahre verbringt. Erst der drohende Einmarsch der Deutschen zwingt ihn 1940 zur Rückkehr in die USA. Sein damaliger Betreuer Pavel Shum begleitet ihn.

Drei Fassungen von Effings Bericht

Effing setzt seinen Lebensbericht nun nicht weiter fort, sondern beauftragt Marco, davon drei Fassungen zu fertigen – eine Kurzversion für den Zeitungsnachruf, eine längere als Version für Kunstzeitschriften und schließlich eine vollständige Version (270). Nach Beendigung dieser Arbeit im März 1970 findet Marco auf seinem Bett drei Bücher über amerikanische Geschichte von einem Autor und Geschichtsdozenten namens Solomon Barber, der im

Solomon Barber

jdn. für tot erklären: **to pronounce s.o. dead**
vergeuden: **to waste**
Spielhölle: **gambling den**
Bordell: **brothel**
Überfall: **mugging**
an den Rollstuhl gefesselt: **confined to a wheelchair**
Kunstzeitschrift: **art magazine**
Geschichtsdozent: **professor of history**

Jahr 1944 promoviert wurde und, wie sich bald herausstellt, Effings Sohn ist. Solomon Barber hält seinen Vater allerdings für tot, und Effing weiß erst seit 1947 von seiner Vaterschaft. Im Auftrag Effings stellt Pavel Shum den Kontakt mit Solomon Barber her. So erfährt Effing auch vom Tod seiner Frau im Jahr 1939. Effing fasst den Entschluss, nach seinem Tod Solomon Barber nicht nur Geld, sondern auch den von Marco verfassten Bericht über sein Leben zukommen zu lassen. Am 12. März sagt Effing seinen Tod am 12. Mai voraus. Am 1. April beschließt er, während einer Reihe von Ausflügen in Manhattan den Betrag von 20 000 Dollar in Fünfzig-Dollar-Beträgen an beliebige Passanten zu verteilen, um sein schlechtes Gewissen über die einbehaltene Beute zu beruhigen (286). Nachdem dies geschehen ist, bemüht sich Effing erfolgreich darum, ernsthaft krank zu werden, um an dem von ihm festgelegten Tag zu sterben. Damit glaubt er dann offenbar, den Sieg des Geistes über die Materie zu beweisen (299). Marco versucht vergeblich, Solomon Barber vom Tod seines Vaters zu unterrichten, denn dieser befindet sich auf einer Forschungsreise in England und hat keine Adresse hinterlassen (309). Rita Hume und Marco befolgen Effings Instruktionen hinsichtlich seiner Beerdigung genau. Seine Asche verstreuen sie von der Staten-Island-Fähre aus ins Wasser. Im Anschluss an ein

Gewissensbisse

Sieg des Geistes über die Materie

promoviert werden: **to receive a doctorate**
Vaterschaft: **fatherhood**
Geist: **mind**
Materie: **matter**
verstreuen: **to disperse**

gemeinsames Essen im Apartment Effings überreicht Rita Hume Kitty und Marco 7000 Dollar in einer Einkaufstüte.

Sechstes Kapitel

Marco und Kitty ziehen zunächst in eine Wohnung nahe der Manhattan Bridge in New Yorks Chinesenviertel, wo sie etwa neun Monate ein glückliches Leben führen. Kitty nimmt eine Teilzeitarbeit als Sekretärin an; Marco führt den Haushalt. Sein Versuch, in einer Kunstzeitschrift einen Artikel über Julian Barbers Werk und Leben zu veröffentlichen, scheitert, weil der verantwortliche Redakteur an der Existenz Barbers zweifelt, und auch die New York Times weigert sich, einen Nachruf zu veröffentlichen (321).

Etwa vier Monate nach Effings Tod meldet sich Solomon Barber bei Marco. Marco und der extrem übergewichtige Geschichtsdozent treffen sich zum ersten Mal im Oktober 1970 in einem New Yorker Hotel. Schon bei ihrem ersten Zusammentreffen ahnt Solomon, wie er Marco kurz vor seinem Tod im August 1971 eingesteht, dass er Marcos Vater ist (329). Er hatte 1946 als Dozent eine einmalige sexuelle Beziehung mit der 19-jährigen Studentin Emily Fogg. Emily verlässt Solomon unmittelbar danach und

Affäre zwischen Emily und Solomon

Teilzeitarbeit: **part-time work**
den Haushalt führen: **to keep house**
Redakteur: **editor**
extrem übergewichtig: **obese**

bricht jeden Kontakt mit ihm ab. Erst dreizehn Jahre später stößt Solomon bei einem Aufenthalt in Saint Paul zufällig auf den Familiennamen Emilys: In einer Zeitungsanzeige bietet Victor Fogg seine Dienste als Klarinettenlehrer an. Durch Victor erfährt er von Emilys Tod. Sein Entschluss, mit Victor persönlich Kontakt in Saint Paul aufzunehmen, wird durch die abrupte Rückkehr Victors mit Marco nach Chicago vereitelt.

Zuvor hat Solomon, der seit seiner Jugend an Fettleibigkeit leidet, Schule und Studium äußerst erfolgreich abgeschlossen, wird aber nach der Entdeckung seiner Affäre mit Emily von keiner bedeutenden Universität mehr als Professor eingestellt, obwohl er sowohl wissenschaftlich hervorragende Arbeit leistet als auch pädagogisch an den kleineren Universitäten sehr große Erfolge erzielt. Solomon berichtet Marco, er habe als Kind von seinem Vater nur gehört, dass dieser kurz vor seiner Geburt im amerikanischen Westen gestorben sei. Solomon wird von Verwandten großgezogen, weil seine Mutter auf Grund einer psychischen Erkrankung dazu nicht in der Lage ist.

Solomons Jugend

Als 17-Jähriger verfasst Solomon einen von unwahrscheinlichen Begebenheiten strotzenden Roman mit dem Titel *Kepler's Blood* (351–361), der den Tod seines Vaters thematisiert und den Marco als psychologisches Zeugnis von Solomons

Kepler's Blood

den Kontakt abbrechen: **to sever contact**
Fettleibigkeit: **obesity**
von unwahrscheinlichen Begebenheiten strotzend: **riddled with improbabilities**
psychologisches Zeugnis: **psychological testimony**

Befindlichkeit als Jugendlicher ansieht (363). Die Handlung des Romans beginnt in den siebziger Jahren des neunzehnten Jahrhunderts und behandelt die verwickelte Geschichte der Familie Kepler. Der 35-jährige Künstler John Kepler lässt seine junge Frau und seinen kleinen Sohn John Kepler jr. auf Long Island zurück und geht auf eine Expedition nach Utah und Arizona. Dort erleidet er wenig später einen schweren Unfall. Den bewusstlosen Kepler rettet eine Gruppe von zunächst für Indianer gehaltenen Wesen, die ihn in ihrer Siedlung gesund pflegen. Nachdem Kepler ihre Sprache gelernt hat, erfährt er, dass diese kleine Gruppe der Rest einer Gruppe von Wesen ist, deren Vorfahren vor langer Zeit der Dürre auf dem Mond durch Übersiedlung auf die Erde entkommen sind (353). Sie nennen sich »Humans« und stammen von einem Ur-Paar Pog und Ooma ab, die auf der Erde etwa zweihundert Kinder zusammen haben. Mit den anderen Lebewesen auf der Erde – »Others« genannt – leben sie friedlich zusammen, bis sie von Wild Men von der anderen Seite des Meeres verfolgt und bis auf diese kleine Gruppe ausgerottet werden. Ihr Medizinmann prophezeit ihnen, dass sie durch einen Toten gerettet würden. Sie halten Kepler für diesen »Messias« und nennen ihn »Wild Father«. Wild Father bleibt bei den Humans und wird ihr Häuptling.

»Humans«

Das zweite Kapitel von *Kepler's Blood* spielt fünfzehn Jahre später auf Long Island. Keplers Frau stirbt und der 18-jährige Kepler jr. macht sich auf die Suche nach seinem

Befindlichkeit: **sensitivity**
Dürre: **drought**
Ur-Paar: **original pair**

Vater. Als er ihn zufällig bei den Humans findet und Kepler ihn verleugnet, ersticht Kepler jr. seinen Vater und flieht. Der einzige Augenzeuge, Keplers Sohn Jocomin, dessen Mutter eine Human ist, trifft bei der Verfolgung seines Halbbruders den Medizinmann, der ihn sieben Jahre lang in seine Geheimnisse einweiht. Dazu gehört unter anderem die Fähigkeit, sich in ein beliebiges Tier zu verwandeln. Jocomin wird in der Folge Häuptling der Humans und macht sich dann als Bauarbeiter und unter dem Namen Jack Moon auf die Suche nach seinem Halbbruder, der inzwischen mit seiner Frau und seinem sechsjährigen Sohn in Brooklyn wohnt. Nach zweijähriger Suche findet Jocomin Kepler jr. Aber statt den Mörder seines Vaters zu töten, entführt er dessen Sohn nach Utah. Dort sind inzwischen alle Humans gestorben. Jocomin weiht in einem ebenfalls siebenjährigen Prozess auch den entführten Jungen, den er Numa nennt, in die Geheimnisse der Magie ein, so dass sich auch Numa in Tiere verwandeln kann. Jocomin verwandelt sich in eine junge Frau und verführt den 16-jährigen Numa. Jocomin gebiert Zwillinge, die den Fortbestand der Humans sichern sollen.

Jocomin

Entführung von Keplers jr. Sohn

Inzwischen macht sich Kepler jr., der zufällig auf Jocomins alias Jack Moons Fährte gestoßen ist, auf die Suche nach seinem Sohn. Als er sich in Utah von einem Kojoten bedroht fühlt, erschießt er ihn und damit unwissentlich seinen eigenen Sohn, der sich in diesen Kojoten verwandelt hatte. Daraufhin wird er von drei Kojoten getötet.

Keplers jr. versehentliche Tötung seines Sohnes

jdn. verleugnen: **to disown s.o.**
Kojote: **coyote**

So endet der Roman, Solomons einziger Versuch, ein literarisches Werk zu schreiben. Alle seine späteren Bücher sind historische Werke, die sich mit ähnlichen Themen auseinandersetzen (363 f.).

Nach diesem etwa zwölfseitigen Exkurs kehrt die Erzählung wieder zu Solomon Barber zurück. Nach dem Tod seiner Mutter im Jahr 1939 vermacht der 22-jährige Solomon das Haus seiner Eltern seiner Tante Clara unter der Voraussetzung, dass diese es ihrer afroamerikanischen Haushälterin Hattie Newcombe testamentarisch vererbt. Nach dem Tod seiner Tante und Hatties wird das Elternhaus abgerissen, um einer Neubausiedlung Platz zu machen.

Expeditionsplan

Ende der Beziehung zwischen Marco und Kitty

Solomon, der von seinem Vater 46 000 Dollar erbt, plant, zusammen mit Marco und Kitty eine Expedition nach Utah zu unternehmen, um die Höhle seines Vaters zu finden. Dieser Plan kann aber vorerst nicht verwirklicht werden, denn die Beziehung zwischen Marco und Kitty zerbricht an Kittys Entschluss, ihre im März festgestellte Schwangerschaft gegen den Willen Marcos abzubrechen.

Siebtes Kapitel

Nach seiner Trennung von Kitty wohnt Marco eine Zeit lang bei Solomon, dem es aber nicht gelingt, die Trennung, unter der Kitty und Marco gleichermaßen leiden, wieder

Exkurs: **digression**
Trennung: **separation**

rückgängig zu machen, zumal die beiden Beteiligten Solomon den Grund für ihre Trennung nicht nennen. Anfang Juli 1971 brechen Solomon und Marco auf, um Barbers Höhle zu suchen. Auf dem Weg dorthin besuchen sie in Chicago Emilys Grab. Dort erfährt Marco, dass Solomon sein Vater ist. Den durch Marcos heftige Reaktion ausgelösten Sturz Solomons in ein offenes Grab überlebt Solomon zunächst querschnittsgelähmt, stirbt aber am 4. September 1971 (408), nachdem er als Folge des Krankenhausaufenthalts so viel Gewicht verloren hat, dass Marco die Ähnlichkeit zwischen seinem Vater und sich leicht erkennt. Nach der Beerdigung seines Vaters setzt Marco seine Reise nach Westen fort, kann aber die Höhle nicht finden, weil sie inzwischen vermutlich auf dem Grund des Lake Powell liegt, des zweitgrößten künstlichen Sees der Vereinigten Staaten. Während einer Bootsfahrt auf dem See wird sein Wagen mit fast seinem gesamten Geldvorrat von 13 000 Dollar gestohlen. Marco setzt seine Reise durch den amerikanischen Subkontinent zu Fuß fort und erreicht am Abend des 6. Januar 1972 bei Laguna Beach die Pazifikküste.

Solomons Unfall

etw. rückgängig machen: **to undo s.th., to reverse s.th.**
querschnittsgelähmt: **paraplegic**

3. Personen

Marco Stanley Fogg

Der Name des Ich-Erzählers weckt vielfältige Assoziationen und weist auf unterschiedliche Interpretationsmöglichkeiten hin. Der Ich-Erzähler berichtet ausführlich aus seinem früheren Leben, aber der Leser erfährt nicht, ob Fogg etwa verheiratet ist, ob er Kinder hat oder welchen Beruf er ausübt. Es ist vor allem sein Bedürfnis, seine früheren Erlebnisse niederzuschreiben, das ihn kennzeichnet. Die Motivationen des jungen Marco sind Projektionen des Ich-Erzählers auf sein jüngeres Ich. Ob der junge Marco die Geschehnisse und sein eigenes Verhalten ähnlich sieht, ist nicht zu entscheiden, weil sein Verhalten rückblickend im Lichte der längeren Lebenserfahrung und Lebensumstände Foggs beurteilt wird. Beim Versuch, Marco Stanley Foggs Charakter zu beschreiben, muss dieses Spannungsverhältnis berücksichtigt werden.

Marco und sein jüngeres Ich

Marcos vollständiger Name hat eine vielfältige Geschichte (13). Der eigentliche Hausname Fogelmann deutet auf eine jüdische Einwandererfamilie aus Osteuropa hin. Der Name birgt aber auch einige Anspielungen. Die Abkürzung Fogg erinnert an Jules Vernes Romanhelden Phileas Fogg, der *In achtzig Tagen um die Welt* fährt, aber auch an das gleich klingende englische Wort »fog«, das Ununterscheidbarkeit und Nebelhaftigkeit suggeriert. Der Name Stanley

Ununterscheidbarkeit: **indistinguishability**
Nebelhaftigkeit: **vagueness**

dagegen ist eine Anspielung auf den britischen[2] Journalisten Sir Henry Morton Stanley, der 1871 den verschollenen schottischen Missionar und Afrika-Forscher David Livingstone wieder aufspürte. Der Name Marco erinnert an den wohl bekanntesten Weltreisenden Marco Polo, der bereits um 1300 China bereiste und darüber einen langen Reisebericht schrieb. In seiner abgekürzten Form schließlich steht »MS« auch für »Manuskript« und verweist damit auf die enge Beziehung zwischen persönlicher Identität und Text. Das Leben ist, wie Victor sagt, eine Geschichte und jeder Mensch ist der Autor seiner eigenen Geschichte (66).

Mehrdeutigkeit des Namens

Diese potenzielle Mehrdeutigkeit des Namens lässt keine Festlegung Marcos auf eine bestimmte soziale Position oder charakterliche Disposition zu. Der Name lässt sozusagen alles offen. Auch Marcos Umwelt legt ihn nicht auf eine bestimmte Rolle fest: Er ist gesellschaftlich fast völlig isoliert. Nach dem Tod seines Onkels scheint er gar keine Familie mehr zu haben und auch die Zahl seiner Freunde ist zu Beginn des Romans sehr begrenzt – genannt wird nur David Zimmer.

Abkehr von der Gesellschaft

Der Leser erkennt, dass es Marco darum geht, sich selbst und seinen eigenen Platz im Universum zu finden. Um sich selbst zu finden, beschreitet er zunächst den Weg der radikalen Abkehr von allen gesellschaftlichen Bindungen, um den Sieg des Geistes über die Materie zu bewei-

Weltreisender: **globetrotter, global traveller**
Reisebericht: **travelogue**
Mehrdeutigkeit: **ambiguity**
Abkehr von Bindungen: **severing of ties**

sen, indem er die Realität der eigenen physischen Existenz zu überwinden trachtet (49). Da aber Geist und Materie unauflöslich miteinander verbunden sind (90), muss ein solches Experiment scheitern, auch wenn Marco anfänglich glaubt, dem Universum seinen Willen aufzwingen zu können. Dies erscheint ihm möglich, weil er davon überzeugt ist, dass das Universum nicht von metaphysischen Mächten gelenkt wird. Einen göttlichen Plan erkennt er ebenso wenig wie weltimmanente Gesetzlichkeiten. Der Zufall ist das herrschende Prinzip: »reality [… is] a yo-yo, change [… is] the only constant« (96). Wie er dem Psychiater der Musterungsbehörde vergeblich begreiflich zu machen versucht, ist sein bisheriges Handeln trotzdem auf die Suche nach einem verborgenen Sinn im Chaos der Realität zurückzuführen (120). Marco zieht aus seinen Erlebnissen im Central Park und seinem Zusammenbruch die Konsequenz, sein Leben fortan ganz in den Dienst anderer zu stellen, um existenzielle Sicherheit zu finden.

Sinnsuche

Seine Beziehung zu Kitty bedeutet einen ersten Schritt zur Integration in die Gesellschaft und damit in eine zunächst kollektive Identität. Ihre erste sexuelle Begegnung beschreibt Marco als ein Zerbröckeln einer Mauer, als ein Erdbeben im Herzen seiner Einsamkeit (139). Dem Aufbau dieser

Integration in die Gesellschaft

göttlicher Plan: **divine plan**
weltimmanente Gesetzlichkeit: **secular causality**
Musterungsbehörde: **draft board**
auf etw. zurückzuführen sein: **to be explained by s.th.**
Zusammenbruch: **collapse**
zerbröckeln: **to crumble**

harmonischen, glücklichen Zweierbeziehung folgt ein zweiter Schritt: Marco stellt sein Leben ganz in den Dienst seines Arbeitgebers. Er nimmt die schlecht bezahlte und belastende Anstellung bei Julian Barber, alias Thomas Effing, an, erträgt klaglos die despotischen Anwandlungen und das diktatorische Verhalten Effings (158) und bringt dessen Lebensbericht mühevoll in die Form einer Erzählung.

Trotz der oft entwürdigenden Behandlung durch seinen Arbeitgeber wächst Marcos Bewusstsein dafür, eine eigenständige Persönlichkeit mit ganz spezifischen Vorstellungen und Bedürfnissen zu sein. Ein erstes Indiz hierfür ist seine Reaktion auf die Verdächtigung seines Arbeitgebers, er könne möglicherweise etwas von dem Geld, das Effing an zufällige Passanten verteilen möchte, veruntreuen. Marcos erwachendes Selbstbewusstsein äußert sich in der Androhung der Kündigung als Reaktion auf diese Beleidigung. Trotz seiner Empörung bringt er jedoch für seinen Arbeitgeber Sympathie auf, als dieser seine ungerechtfertigte Verdächtigung Marcos aufrichtig bedauert (291 f.). Damit verlässt Marco den ursprünglich eingeschlagenen Weg der bedingungslosen Selbstlosigkeit und beginnt, die Ansprüche seiner Mitmenschen auch an den eigenen zu messen und entsprechend zu handeln.

Mitgefühl mit Effing

Dass er den dabei erforderlichen Kompromiss nicht sogleich schließen kann, wird bald deutlich. Sein erbitterter

Zweierbeziehung: **partnership**
Anwandlung: **fit**
Verdächtigung: **suspicion**
veruntreuen: **to embezzle**
Kündigung: **notice**

Marcos Widerstand gegen die Abtreibung

Widerstand gegen die Abtreibung erklärt sich aus seiner Isolierung als Kind und Jugendlicher, verdankt er doch sein eigenes Leben dem Entschluss seiner Mutter zum Verzicht auf einen Schwangerschaftsabbruch. Mit moralisch-ethischen Gründen hat sein Widerstand nichts zu tun, wohl aber mit dem neu erwachten Bewusstsein seiner mühsam errungenen Identität und seiner Position in der Gesellschaft. Er kann seine eigenen Vorstellungen nicht gegen Kittys – im Nachhinein als richtig erkannte – Argumente (384) durchsetzen. Er möchte zwar seine Liebe zu Kitty bewahren, aber auch mit einem Kind etwas Neues schaffen und damit zu etwas gehören, das mehr einschließt als nur sich selbst (385). Er möchte nicht nur sich selbst und seine Vergangenheit finden, sondern auch mit einem Kind seine Zukunft sichern.

Der dritte Schritt der Selbstfindung schließlich gelingt Marco im Zusammentreffen mit Solomon Barber, seinem Vater. Nach dem Unfall am Grab seiner Mutter betreut Marco seinen Vater fast ununterbrochen bis zu dessen Tod.

Betreuung Solomons

In der Sorge um seine Mitmenschen und in dem – wenn auch gescheiterten – Versuch, neues Leben zuzulassen und sich damit die Zukunft zu sichern, erwirbt sich Marco seine eigene Existenz – nicht außerhalb, sondern innerhalb der Gesellschaft und ohne Aufgabe

auf etw. verzichten: **do to without s.th.**
Schwangerschaftsabbruch: **termination of pregnancy, abortion**
im Nachhinein: **retrospectively**
Selbstfindung: **finding one's self**
betreuen: **to look after**

eigener Lebensentwürfe und Ansprüche. Zwar sieht er sich am Ende des Romans als Opfer der Götter (417), aber die Suche nach dem Sinn des Lebens ist offenkundig erfolgreich gewesen. Ihm gelingt die Schaffung seiner eigenen Identität trotz der Regellosigkeit des Universums, das dem Individuum keine Verhaltensmuster nahelegt. Immerhin beginnt der Ich-Erzähler vierzehn Jahre nach Marcos Ankunft am Pazifischen Ozean, seine Geschichte schriftlich niederzulegen. Durch das Festhalten der scheinbar ungeordneten Einzelheiten seines Lebens im Text schafft der Erzähler seine eigene Identität. Sie ist nichts von höheren Mächten Vorgegebenes, sondern muss erworben werden. Marco hat am Schluss des Romans seine geschichtlichen Wurzeln gefunden; die Zukunft bleibt jedoch offen.

Identitätsfindung

Julian Barber / Thomas Effing

Auch der Beschreibung Julian Barbers sind einschränkende Bemerkungen voranzustellen. Was die biographischen Fakten und deren Bewertung angeht, ist der Leser auf Quellen von zweifelhafter Zuverlässigkeit angewiesen. Die fiktionale Realität, d.h. die Einzelheiten von Barbers »Leben«, erreichen den Leser nur

Quellen von zweifelhafter Zuverlässigkeit

Lebensentwurf: **life plan**
Regellosigkeit: **chaos**
Verhaltensmuster: **pattern of behaviour**
zweifelhaft: **questionable**

mittelbar: erstens durch Effings wörtlich wiedergegebenen Bericht, an dessen Zuverlässigkeit angesichts seines Charakters Zweifel angemeldet werden müssen; zweitens durch die in indirekter Rede geschriebene, also von Marco bearbeitete Version; drittens ist der Text, der dem Leser vorliegt, das Produkt der Erinnerung und Darstellungsabsicht des Ich-Erzählers, der erst im Jahr 1986 beginnt, die Ereignisse aufzuschreiben.

Effings Biographie

Effing wird 1883 als Sohn eines reichen Börsenmagnaten geboren (215). Im Alter von zehn Jahren beginnt seine lange Bekanntschaft mit dem kroatischen Physiker Tesla, dessen Einfluss auf Effing bis ins hohe Alter spürbar bleibt – etwa im Glauben, dass die Erde aus Elektrizität besteht (153). Nach dem Tod seines Vaters im Jahr 1905 (oder 1906) erbt Julian Barber, der inzwischen Maler geworden ist, ein Vermögen (210). Er heiratet 1912 die wohlhabende, frigide Elizabeth Wheeler (215), die er aber im April 1916 verlässt, um mit einem jungen Begleiter, Edward Byrne, eine Expedition in die Gegend um Salt Lake City (218) anzutreten. Während der Expedition stirbt Byrne an den Folgen eines Unfalls. Barber verbringt die nächsten neun Monate in einer Höhle. Im Mai 1917 überrascht er die drei Gangster, deren Unterschlupf die Höhle ist (252–256), und tötet sie. Im Juni 1917 beginnt Barber unter dem Namen Thomas Effing ein neues Leben (260). Im August 1919 erleidet er in San Francisco

mittelbar: **indirectly**
Erinnerung: **recollection**
Darstellungsabsicht: **aim, plan**
ein Vermögen erben: **to inherit a lot of money**
Unterschlupf: **hide-out**

den Unfall, der ihn für den Rest seines Lebens an den Rollstuhl fesselt (263). 1920 emigriert er nach Frankreich (187), von wo er 1939 nach Amerika zurückkehrt (171). Im Jahr 1947 erfährt Effing von der Existenz seines Sohnes Solomon (274). Weitere Details aus den Jahren zwischen 1949 und 1970 erfährt der Leser nicht. Effing berichtet nicht chronologisch. Die Jahresangaben sind über mehr als 100 Seiten verstreut und müssen erst vom Leser geordnet werden.

Einige zentrale Ereignisse in Barbers Leben lassen Rückschlüsse auf seinen Charakter und seine Lebenseinstellung zu. Der junge Julian ist von Tesla nachhaltig beeindruckt. Die auf Tesla zurückgehende Überzeugung, dass der Geist die Materie beeinflussen und verändern könne – Effing glaubt sogar, den Stromausfall in New York im Jahr 1965 durch Telekinese ausgelöst zu haben (153) –, wird zu einem festen Bestandteil seines Weltbildes. Selbst seinen Tod legt er auf einen bestimmten Tag fest, den 12. Mai 1970, da er glaubt: »It's mind over matter« (299). Im Lichte des großen Einflusses Teslas auf sein gesamtes Leben ist Effings späteres, entwürdigendes Verhalten umso herzloser und grausamer: Beim letzten Wiedersehen mit Tesla lässt er seinen Begleiter Shum dem inzwischen verarmten Wissenschaftler zehn Dollar überreichen und weidet sich an dessen Verlegenheit (212).

Doch Grausamkeit und Egoismus sind keine Konstanten im Leben Barbers. Als Mittdreißiger lässt er seinen tödlich

Rückschluss: **conclusion**
Stromausfall: **power failure**
auslösen: **to trigger**
entwürdigend: **degrading**
Verlegenheit: **embarrassment**

verwundeten Kameraden nicht etwa zurück, um sich selbst zu retten, sondern harrt bei dem Sterbenden aus, obwohl eine Rückkehr in die Zivilisation ohne Pferd (234) und ohne die Hilfe des Führers unmöglich erscheint. Diese Selbstlosigkeit, die ihn in seiner eigenen Existenz bedroht, steht wiederum in scharfem Kontrast zu der Kaltblütigkeit, mit der er die drei Gangster tötet, selbst wenn man sein Verhalten als Notwehr deutet, und zu der Skrupellosigkeit, mit der er deren Beute an sich nimmt. Die einzige Begründung hierfür sei der Wunsch gewesen, das Geld zu besitzen: »The question of right and wrong never entered into it« (257). Ähnlich bedenkenlos verlässt er seine Frau und vergeudet einen Teil der Beute durch Monate ausschweifender Vergnügungen. Erste Gewissensbisse stellen sich nach seinem Unfall ein, den er als kosmische Rache für die Unterschlagung der Beute deutet. Erst sein Entschluss, das 52 Jahre zuvor unterschlagene Geld an beliebige Bedürftige zu verteilen, soll dieses Vergehen wiedergutmachen.

Selbstlosigkeit vs. Kaltblütigkeit

Kosmische Rache

Die abenteuerlichen Geschichten über seine Mitwirkung im Ersten Weltkrieg, die er im Pariser Exil zum Besten gibt, verdeutlichen den auffälligsten negativen Charakterzug Ef-

Hang zur Unwahrheit

bedrohen: **to jeopardize**
Kaltblütigkeit: **coldbloodedness**
Notwehr: **self-defence**
Skrupellosigkeit: **unscrupulousness**
ausschweifend: **dissipated, wild**
Bedürftige/Bedürftiger: **needy (person)**

fings (187) – seinen Hang zur Unwahrheit, die ihm, wie Marco festhält, zur zweiten Natur geworden ist (269): »his character was built on falsehood and deception, it was nearly impossible to know when he was telling the truth« (148).

Seine ungehobelten Manieren, seine Unberechenbarkeit, sein tyrannisches Verhalten und seine Egomanie können durchaus als die verständlichen Reaktionen eines alten, blinden und an den Rollstuhl gefesselten Mannes gewertet werden. Marco selbst hält diese Charakterzüge für den Ausdruck eines von Gewissensqualen und Ängsten gepeinigten Mannes.

Effings menschliche Regungen

Über den genannten negativen Eigenschaften übersieht man allzu leicht Effings gelegentlich zum Vorschein kommende menschliche Regungen. Bereits am zweiten Tag von Marcos Aufenthalt bei Effing zeigt sich dieser erschüttert, als er vom Unfalltod der Mutter Marcos hört, und kurz vor seinem Tod bekundet er Interesse an Marcos Zukunftsplänen, so als übernähme er einen Teil der Verantwortung für ihn (303). Marco ist danach davon überzeugt, dass Effing tiefe Zuneigung für ihn empfindet (299, 304).

Barber bzw. Effing ist eine äußerst widersprüchliche Figur. Den Lesern wird kein in sich stimmiger Charakter vorgelegt, sondern eine ganze Fülle von Mosaiksteinen, die sie dann zu einem Ganzen zusammenfügen müssen. Wie dieses ausfällt, hängt nicht zuletzt von der Bewertung der Biographie Barbers bzw. Effings durch die Leser ab.

Hang zu etw.: **tendency towards s.th.**
ungehobelte Manieren: **boorish manners**
Verantwortung übernehmen: **to assume responsibility**
Mosaikstein (fig.): **piece of a jigsaw puzzle**

Kein allwissender Erzähler

Ein allwissender Erzähler, der den Lesern verlässliche Informationen liefert, liegt in *Moon Palace* nicht vor.

Solomon Barber

Weniger kompliziert ist die Rekonstruktion der Biographie Solomon Barbers, obwohl auch diese nicht linear erzählt wird. An der Glaubwürdigkeit Solomons kommen nie die Zweifel auf, die im Zusammenhang mit Julian Barber so berechtigt erscheinen. Die Ungewissheit des Lesers entsteht allenfalls durch die bereits erwähnte Mittelbarkeit des Berichts: Die »Fakten« werden Marco zwischen Oktober 1970 und Solomons Tod am 4. September 1971 berichtet und aus der Erinnerung von dem Ich-Erzähler wiedergegeben – also aus einer zeitlichen Distanz von mehr als vierzehn Jahren. Das bloße Faktengerüst lässt sich mit einiger Zuverlässigkeit rekonstruieren: Solomon Barber wird am 11. Januar 1917 geboren (328, 371). Mitte der dreißiger Jahre, im Alter von 17 Jahren, schreibt er den Roman *Kepler's Blood*. Seine Mutter stirbt 1939 noch während seines Studiums (364), das er 1944 mit der Promotion abschließt (333). Darauf wird er Dozent für Geschichte an einer Reihe kleiner amerikanischer Universitäten. Im Frühjahr 1946 zeugt er seinen Sohn Marco (328). Im Januar 1971 zieht er von Minnesota nach New York, um in Kittys und Marcos Nähe sein zu

allwissender Erzähler: **omniscient narrator**
linear erzählen: **to narrate chronologically**
aus der Erinnerung: **retrospectively**
Faktengerüst: **framework of facts**

können (377). Im Juli 1971 hat er schließlich den Unfall (396), der am 4. September 1971 zu seinem Tod führt (408).

Solomon leidet offenkundig am Fehlen eines Vaters, an der Krankheit seiner Mutter sowie der unzureichenden Betreuung durch seine alkoholkranken Verwandten. Seine Fettleibigkeit und Größe drängen ihn zusätzlich in eine Außenseiterposition, die er in späteren Jahren zu einem Markenzeichen weiterentwickelt. Sein kahl geschorener Kopf und seine großen Hüte (336 f.) betonen noch seine Einmaligkeit. Er wird zu einer »self-created world« (336). Doch verbirgt seine kolossale physische Erscheinung lediglich eine tiefe existenzielle Unsicherheit (336). Solomon fühlt sich nirgendwo wirklich zu Hause. Er ist, darin Marco ähnlich, ein Entwurzelter, der ein nomadenhaftes Leben führt. Er schreibt seinen Roman *Kepler's Blood* (351–363), um die traumatischen Erlebnisse seiner Jugend zu kompensieren, wie der Ich-Erzähler feststellt (363).[3]

Solomon – ein Außenseiter

Ein weiterer Beleg für Solomons Bemühung um eine Aufarbeitung der Vergangenheit ist seine wissenschaftliche Tätigkeit. Als Historiker fixiert er die Vergangenheit als Text und arbeitet die in seinem Roman behandelten Ereignisse der amerikanischen Geschichte wissenschaftlich auf. Die Geschichtswissenschaft dient ihm allerdings weniger zur »Rekonstruktion einer objektiven Wahrheit«, sondern der

Aufarbeitung der Vergangenheit

Unsicherheit: **insecurity**
kompensieren: **to make up for**
Beleg: **piece of evidence, circumstance**
Aufarbeitung der Vergangenheit: **coming to terms with the past**

»Aufarbeitung seiner eigenen Lebensgeschichte«.[4] Literatur und Historie werden gleichermaßen als Instrumente der Selbstfindung des Individuums eingesetzt.

Kitty Wu

Die wohl zuverlässigsten Informationen erhalten die Leser über das Leben von Kitty Wu, an deren Wahrheitsliebe keine Zweifel bestehen. Doch auch der kurze Bericht über ihr Leben erreicht Marco nur mittelbar auf dem Weg über Zimmer, dem Kitty ihre Lebensgeschichte erzählt hat. Sie ist die im Februar 1950 geborene Tochter eines Kuomintang-Generals und einer seiner Nebenfrauen (126). Sie besucht bereits in Taiwan amerikanische Schulen. Nach dem Tod ihrer Mutter geht sie auf ein amerikanisches Internat. Ihr Studium an der Juilliard School of Music finanziert sie durch das bescheidene Vermögen, das sie nach dem Tod ihres Vaters erbt (128). Zimmer erkennt sogleich die Ähnlichkeit der Lebensläufe Kittys und seines Freundes Marco (12). Marco selbst erkennt aber erst später, dass Kitty offenbar von Anfang an eine tiefe Zuneigung für ihn empfindet (74), die später zu einer innigen Liebesbeziehung wird. Kitty und Marco beziehen im Juni 1970 eine gemeinsame Wohnung in Chinatown (317). Während der Semesterferien arbeitet Kitty als Sekretärin; Marco führt den Haushalt. Ihre Beziehung zerbricht an der Frage, ob Kitty die im März 1971 festgestellte Schwangerschaft abbrechen soll. Kitty fürchtet die Folgen einer

Schwangerschaftsabbruch

auf dem Weg über jdn.: **via s.o.**
Nebenfrau: **(official) concubine**

Schwangerschaft für ihr Studium und fühlt sich noch nicht reif genug für eine Mutterschaft (384). Bei ihrer Entscheidung für den Abbruch spielen moralisch-ethische Erwägungen ebenso wenig eine Rolle wie bei Marcos radikaler Ablehnung des Abbruchs. Kitty leidet psychisch sehr unter den Folgen der Abtreibung und ist verzweifelt, als Marco die gemeinsame Wohnung verlässt (387). Ihre großmütige Haltung ihm gegenüber und ihr Verständnis für seine Haltung nötigen Marco noch Jahre später Respekt und Bewunderung ab (390). Dennoch ist Kitty nicht bereit, Marco wieder aufzunehmen, als er sie nach Solomon Barbers Tod anruft (409 f.). Dass der Ich-Erzähler auch vierzehn Jahre später keine Aussagen über Kittys späteres Leben macht, obwohl er von seinem Treffen mit Zimmer berichtet, kann als Beleg dafür gelten, dass er noch immer unter der Trennung leidet.

moralisch-ethische Erwägung: **moral and ethical consideration**
unter etw. leiden: **to suffer as a result of s.th.**

4. Werkaufbau

Ein einzelnes, einheitliches Thema und einen stringenten Handlungsaufbau des Romans nachzuzeichnen, ist schwierig, weil darin keine nach klaren, überschaubaren Gesichtspunkten geordnete Welt dargestellt wird. Daher wird der Handlungsstrang um Marco Stanley Fogg, der 1969 einsetzt und Anfang 1972, nach der Durchquerung des amerikanischen Subkontinents, endet, nicht linear erzählt, sondern immer wieder von Rückblenden und Digressionen unterbrochen.

Dennoch fügen sich im Laufe des Romans die zunächst unabhängigen Handlungsstränge zu einem Panorama zusammen, das der Leser aus einzelnen – allerdings nicht in gleicher Weise verbürgten – Details zusammenfügen muss.

Geschlossenes Gesamtbild

Dass sich so ein geschlossenes Gesamtbild ergibt – die Biographie Marcos –, liegt nicht zuletzt an der Gliederung des Romans: Die sieben Großkapitel gliedern das Geschehen deutlicher, als man es von einem typisch postmodernen Roman erwarten würde: Das erste Kapitel behandelt in einer

einheitlich: **uniform**
stringent: **logically consistent**
überschaubar: **clearly structured**
Gesichtspunkt: **point of view, perspective**
Handlungsstrang: **plot**
Rückblende: **flash-back**
Panorama: **panorama**
geschlossenes Gesamtbild: **compact panorama**
Gliederung: **division**

Art Exposition Marcos Jugend, wendet sich dann der eigentlichen Romanhandlung zu und endet mit seinem Entschluss, der Welt den Rücken zu kehren. Das zweite Kapitel handelt von seinem Obdachlosendasein im Central Park. Im dritten Kapitel erholt sich Marco von dieser schweren Zeit und beginnt eine Liebesbeziehung zu Kitty. Am Schluss des Kapitels nimmt er eine Tätigkeit bei Effing auf. Hierauf folgt die im vierten Kapitel wörtlich und im fünften Kapitel in indirekter Rede erzählte Lebensgeschichte Barbers. Das vierte Kapitel endet mit dem Tod Byrnes; das fünfte mit den Ereignissen nach Barbers Tod. Das sechste Kapitel behandelt die Beziehung zwischen Kitty und Marco sowie das Verhältnis zwischen den beiden und Solomon Barber sowie dessen Lebensgeschichte. Das siebte Kapitel stellt das Scheitern der Liebe zwischen Marco und Kitty dar und beschließt den Roman mit Marcos Ankunft am Pazifischen Ozean im Januar 1972.

Zeitliche Einordnung

Um eine zeitliche Einordnung der Ereignisse zu ermöglichen, werden eine ganze Reihe von Jahreszahlen bzw. konkreten Daten und zeitgeschichtlichen Ereignissen genannt – etwa die künstlerische Tätigkeit Blakelocks, die physikalischen Experimente Teslas, der Erste und Zweite Weltkrieg, die Sozialistenverfolgung in den frühen zwanziger Jahren des 20. Jahrhunderts, der Vietnamkrieg, die Studentenunruhen des Jahres 1968, die erste Mondlandung und viele andere. Geographische Verweise bzw. konkrete Adressen schließlich ermöglichen dem Leser die

Scheitern: **failure**
die zeitliche Einordnung ermöglichen: **to facilitate the chronological sequence**

Lokalisierung des Geschehens

Lokalisierung des Geschehens in New York, Chicago und dem Ländervierecck zwischen Utah, Colorado, Arizona und New Mexico. Aus den genannten Details ergibt sich ein schlüssiges Bild von Marcos Leben sowie seiner Familiengeschichte[5]:

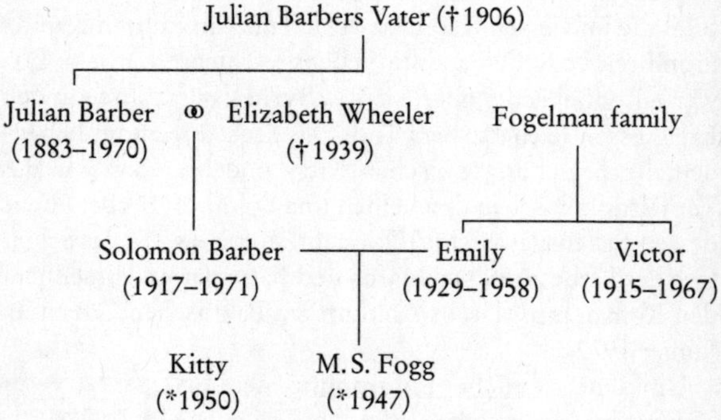

Lokalisierung des Geschehens: **localization of events**
schlüssiges Bild: **consistent impression**

5. Interpretation

Moon Palace ist mehr als bloß Marcos Autobiographie und mehr als ein Abenteuerroman. Auster integriert eine Reihe von Themen in die spannende, neorealistische Geschichte, die den Roman erst zu einem Vertreter des postmodernen Romans machen.

Neorealistische Elemente

Marco stellt auf zweierlei Weise eine Personifikation der Selbstfindung und Identitätsschaffung der jungen amerikanischen Nation dar: Erstens ist seine Lebensgeschichte mit den im Roman genannten historischen Ereignissen eng verflochten; und zweitens erinnert sein Weg von New York an die Pazifikküste an die Eroberung des amerikanischen Subkontinents im 19. Jahrhundert. Diese Zusammenhänge sind für ein Verständnis des Romans von großer Bedeutung.

Personifikation der Selbstfindung der USA

Erzählerrolle

Bereits seit Daniel Defoes *Moll Flanders* (1722) und Jonathan Swifts *Gulliver's Travels* (1726) gelten Ich-Erzähler als nur bedingt zuverlässige Berichterstatter, weil sie lediglich ihre eigene, unvermeidlich persönliche Sicht der Dinge wiedergeben. Moll stattet ihre Lebensbeichte aus der Posi-

Zuverlässigkeit von Ich-Erzählern

neorealistisch: **neo-realistic**

tion der materiell gesicherten reuigen Sünderin ab. Dass diese Perspektive der Schilderung ihren Stempel aufdrückt, ist unvermeidlich. Auch Gulliver ist zu einer »objektiven« Wiedergabe seiner Erlebnisse nicht in der Lage, weil sie seine Wahrnehmung und Lebenseinstellung nachhaltig verändert haben. Beide Romane spiegeln nicht eine objektivierbare Realität, sondern die persönliche Sicht der Ich-Erzähler wider.

Ich-Erzähler sind natürlich nicht mit den Autoren der jeweiligen Werke zu verwechseln. Diese Kategorien müssen klar voneinander unterschieden werden:

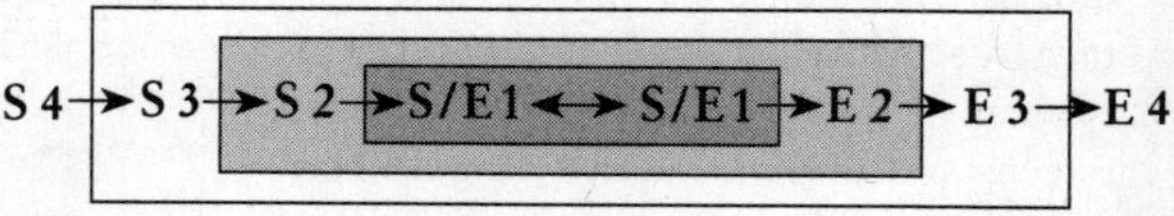

S4 bezeichnet den empirischen Autor in allen Facetten seiner Persönlichkeit, S3 ist der Autor in seiner Rolle als Werkproduzent, der im Werk implizierte Autor, dessen Ansichten ausschließlich dem produzierten Werk zu entnehmen sind. Er ist folglich zwar ein Teil von S4, aber nicht identisch damit. S2 steht dann für den von S3 eingeführten Erzähler in

reuig: **repentant**
etw. einen Stempel aufdrücken: **to shape s.th.**
Lebenseinstellung: **attitude towards life**
nachhaltig: **with a lasting effect**
etw. mit etw. verwechseln: **to mistake s.th. for s.th.**
unterscheiden: **to distinguish**
bezeichnen: **to denote**
Werkproduzent: **producer of a work**
implizierter Autor: **implied author**

den verschiedensten Varianten – im Falle von *Moon Palace* also für den Ich-Erzähler zum Zeitpunkt der fiktiven Abfassung seines Textes. S/E1 sind fiktive Figuren, die im Text miteinander kommunizieren.[6] S4 ist z. B. Daniel Defoe, der Puritaner, Kaufmann und Reisende, der Verfasser politischer Streitschriften und Autor von Literatur; S3 ist das Bild, das sich die Leser durch die Lektüre von *Moll Flanders* vom impliziten Autor Defoe machen können; E2, der Erzähler des Romans selbst, ist Moll; S/E1 sind schließlich die miteinander kommunizierenden Charaktere, die zugleich Empfänger und Sender sind.

Im Falle von *Moon Palace* wird diese Unterscheidung noch durch zwei weitere Faktoren kompliziert. Erstens teilt der Ich-Erzähler (S2) biographische Fakten mit dem empirischen Autor (S4) – etwa das Geburtsjahr 1947, die jüdische Herkunft und den Bildungsweg. Zweitens beschränkt sich der Ich-Erzähler nicht nur auf die Wiedergabe seiner eigenen Geschichte, sondern wird zugleich zum Bearbeiter der Geschichten Barbers und Solomons, die er noch dazu teilweise in dramatisierter Form vorlegt (366–374). Damit rückt neben der schon öfter erwähnten Rolle der Leser bei der Textkonstitution auch die des Erzählers in den Mittelpunkt. Die Artikel, die Marco

Rolle des Erzählers

Kaufmann: **merchant**
Streitschrift: **polemic**
Empfänger: **recipient**
Sender: **sender**
sich auf etw. beschränken: **to restrict o.s. to s.th.**
Bearbeiter: **editor**
in den Mittelpunkt rücken: **to come into focus**

nach dem Tod Effings schreibt, werden von dem Ich-Erzähler unabhängig von dem jeweils gewählten Thema im Wesentlichen als Selbstzeugnisse gesehen – als »subterranean versions of my own life story« (322). Analog dazu wird der Text des Ich-Erzählers zu einer solchen »subterranean« Version seiner Lebensgeschichte.

Was wir schließlich über den Ich-Erzähler und den impliziten Autor sagen können, ist daher weniger eindeutig als im Falle von Moll und Gulliver bzw. den Werkproduzenten Defoe und Swift. Zwar macht der Ich-Erzähler an einer ganzen Reihe von Stellen auf die zeitliche Distanz von vierzehn Jahren zwischen den dargestellten Ereignissen und der Abfassung des Textes aufmerksam[7] und unterstreicht damit den subjektiven Charakter seines Textes, doch seine Weltsicht und seine Motivation zur Abfassung des Textes lassen sich weniger leicht erschließen als im Falle Molls oder Gullivers. Es bleibt letztlich unklar, ob der Ich-Erzähler sich im Akt des Schreibens seine eigene Identität erst schafft, wie es Victor zu Beginn des Romans ausführt (14), oder ob er seine Motivation aus anderen Faktoren bezieht.

Leitmotiv Mond

Allerdings legt die leitmotivische Verwendung des Mondes mit seinen unterschiedlichen Assoziationen nahe, dass es dem Ich-Erzähler und wohl auch dem Autor Auster (S3) selbst besonders darum geht, den Leser in die Arbeit der Schaffung einer fiktiven Welt mit einzubeziehen. Auf einer ganz oberflächlichen Ebene ist »Mondpalast« der Name eines bis vor eini-

Selbstzeugnis(se): **self-evidence**
Akt des Schreibens: **act of writing**
leitmotivisch: **like a leitmotif**

gen Jahren tatsächlich in der 112. Straße nahe dem Broadway existierenden chinesischen Restaurants in Manhattan.[8] Das Wort erinnert an einen bekannten Baseball-Spieler Wally Moon und seine »Mondbälle« (16) und an die erste Mondlandung der Amerikaner im Jahre 1969.

Inbegriff der Wandelbarkeit

Auf einer abstrakteren Ebene ist der Mond seit jeher Inbegriff der Wandelbarkeit und evoziert darüber hinaus auch »Fruchtbarkeit und Kreativität, Imagination und Wahnsinn«[9]. Beim ersten Zusammentreffen mit Kitty liefert Marco eine ganze Fülle von Belegen für die Faszination des Mondes in der Kulturgeschichte. Von ganz zentraler Bedeutung im Zusammenhang mit diesem Thema ist jedoch Marcos Museumsbesuch, bei dem er Blakelocks Gemälde »Moonlight« (197–200) studiert. Wie er an zahlreichen anderen Gemälden Blakelocks feststellt, spielt der Mond bei diesem Maler eine zentrale Rolle – allerdings nicht im Sinne einer Widerspiegelung von Realität, sondern als vom Betrachter zu füllende Leerstelle: »They became holes in the canvas, apertures of whiteness looking out onto another world« (202). Der Mond steht daher auch für die von den Lesern zu füllenden Leerstellen, die Paul Auster lässt. An der Erschaffung der fiktionalen Realität sind die Leser daher gleichberechtigt beteiligt wie der Autor.

Leerstellen

Inbegriff der Wandelbarkeit: **perfect example of mutability**
Fruchtbarkeit: **fertility**
Kulturgeschichte: **history of civilization**

Realität und Sprache

Von einer objektiven Realität kann bei Auster nicht die Rede sein. Das Konzept der Realität wird in den verschiedensten Facetten ausgeleuchtet. Es geht um die Definition dieses Begriffs sowie um die Beziehungen zwischen einer wie auch immer definierten Realität einerseits und Sprache und Kunst andererseits. Es ist unstrittig, dass es eine physikalisch eindeutige Realität gibt. Natürlich gibt es etwa Naturphänomene wie Pflanzen und Tiere unabhängig davon, ob sie von Menschen wahrgenommen werden. Allerdings lassen sich diese Phänomene, ebenso wie andere Aspekte der Realität, nur mit den Mitteln der Sprache denken und beschreiben. Sie nehmen damit unweigerlich subjektiven Charakter an: »The world enters us through our eyes, but we cannot make sense of it until it descends into our mouths« (176). Hinzu kommt, dass sich unabhängig von ihrer Wahrnehmung durch Beobachter Gegenstände ständig verändern – etwa durch Verwitterung und Licht (177). Marcos Aufgabe kann also nur darin bestehen, Effing in die Lage zu versetzen, sich sein eigenes Bild zu machen (178). Damit wird Marcos Beschreibung seiner Tätigkeit bei Effing zugleich eine Metapher für die Tätigkeit des Autors im Verhältnis zu seinen Lesern.

Konzept der Realität

Notwendigkeit der Sprache

Facette: **aspect**
ausleuchten: **to analyse from all angles**
eindeutig: **unambivalent**
Verwitterung: **erosion**

Realität und Kunst

Auster setzt sich in seinem Roman nicht nur mit der Rolle der Sprache als Mittel der Realitätsspiegelung auseinander, sondern auch mit einem außersprachlichen Mittel der Realitätsspiegelung, der Malerei. Marco erkennt bei der Betrachtung des Blakelock-Gemäldes bald, dass es dem Maler nicht um eine naturalistische, quasi-photographische Wiedergabe

Ralph Albert Blakelock (1847–1919):
Moonlight (with Indians)

außersprachliches Mittel: **extra-linguistic means**

einer Landschaft geht, sondern um etwas ganz anderes. Dem Maler stehen andere Mittel zur Verfügung als dem Autor – Perspektivierung und Farbgebung etwa. Blakelock verstößt bewusst gegen physikalische Fakten, wenn er Erde und Himmel die gleiche Farbe gibt und für beide obendrein grün wählt, und er stellt bewusst die wenigen Figuren auf diesem Gemälde winzig klein dar (199). Es kann also Blakelock nicht um die bloße Wiedergabe der Natur gegangen sein, sondern um etwas anderes – um die Verklärung der untergegangenen idyllischen Welt der nordamerikanischen Indianer (200). Kunst spielt demnach die gleiche Rolle bei der Wahrnehmung und Umsetzung von Sinneseindrücken in ein anderes Medium wie die Sprache. Sie dient nicht der naturgetreuen Wiedergabe des Wahrgenommenen, sondern einem anderen, subjektiven Zweck. Barber malt seine Höhle aus, um seine existenzielle Situation zu bewältigen und nicht, um die Großartigkeit oder Schönheit der Natur widerzuspiegeln. Ganz bewusst lässt er die Regeln seines Handwerks außer Acht. Seine Bilder beschreibt er als

Barbers Höhlengemälde

Perspektivierung: **choice of perspectives**
Farbgebung: **choice of colours**
winzig klein: **minute**
Verklärung: **idealization**
untergegangen: **extinct**
Sinneseindruck: **sensory impression**
naturgetreu: **lifelike, true to life**
Wiedergabe des Wahrgenommenen: **account of what has been perceived**
Handwerk: **craft**

»raw, [...] filled with violent colors and strange, unpremeditated surges of energy, a whirl of forms and light« (242). Den wahren Zweck der Kunst sieht Barber in der persönlichen Auseinandersetzung mit der Welt. Sie ist eine Methode, die Welt zu verstehen und einen Platz darin zu finden (241). Die ästhetische Qualität von Bildern ist daher zweitrangig. Kunst spielt in *Moon Palace* eine wichtige, aber keineswegs zentrale Rolle. Marcos Begegnung mit der Kunst und Barbers Kunstauffassung machen vielmehr auf die Rolle der Sprache als Mittel der Wiedergabe von Sinneseindrücken aufmerksam.

Funktion von Kunst

Moral und Ethik

Fragen der Religion und Ethik spielen in *Moon Palace* eine sekundäre Rolle. Ob etwa Emily ihre ungewollte Schwangerschaft aus moralischen oder religiösen Gründen nicht abbricht, wird nicht erwähnt. Marcos Widerstand gegen den Schwangerschaftsabbruch durch Kitty hat, wie gezeigt wurde, mit moralischen Erwägungen nichts zu tun, sondern liegt in seinen persönlichen Lebensumständen begründet. Auch bei der kaltblütigen Tötung der Gangster sind ethische Erwägungen für Barber irrelevant (157).

Auseinandersetzung mit der Welt: **grappling with the world**
zweitrangig: **of secondary importance**

Kein Rückzug auf metaphysische Instanzen

Das Fehlen eines ethisch-religiösen Bezugsrahmens hat für die Menschen natürlich eine unausweichliche Konsequenz. Sie müssen ihr Handeln immer aufs Neue vor sich selbst rechtfertigen. Der Rückzug auf metaphysische Instanzen, die ihnen ein bestimmtes Handeln vorschreiben und sie damit aber auch vom Zwang der Entscheidung befreien, bleibt ihnen verwehrt. Julian Barber macht sich folglich ganz bewusst im wörtlichen Sinne zum eigenen Schöpfer. Er schwingt sich zum Richter über Leben und Tod auf, eignet sich die Beute der Gangster an, verleugnet seine Familie, beginnt eine neue Existenz als Thomas Effing und legt schließlich erfolgreich seinen eigenen Tod auf einen ganz bestimmten Tag fest. Es scheint also, als könne er dem Universum seinen Willen aufzwingen. Doch seinen Unfall deutet er als Rache der Götter (265), und Marco gegenüber beharrt er darauf, dass es ein das Universum ordnendes Prinzip gebe. Zufälligkeiten leugnet er. Alles Geschehen in der Welt diene einem »hidden purpose«, dem der Mensch jedoch nicht nachforschen dürfe (153). Effing erkennt allerdings nicht metaphysische Mächte, sondern ausschließlich die Elektrizität als das die Welt steuernde Prinzip an: »Everything in the world is made up of electricity, animate and inanimate things alike« (152). Da auch menschliche Gedanken elektrische Ladung abgäben, könnten Gedanken auch die Realität verändern.

Elektrizität – das Ordnungsprinzip des Universums

ethisch-religiöser Bezugsrahmen: **ethical and religious frame of reference**

Zufälligkeit: **chance**

etw. nachforschen: **to make enquiries into s.th.**

Dass Effings abstruse Theorie Marco bei seiner Suche nach existenziellen Gewissheiten nicht hilft, ist offensichtlich. Sein erster Versuch, der Zukunft durch vollständige Passivität zu trotzen, ist geboren aus der Trauer über den Verlust seines letzten Verwandten und aus seiner schlechten finanziellen Situation (35 f.). Der Versuch scheitert kläglich. Auch das zweite Experiment, das der vollständigen Selbstlosigkeit, ist, wie der Ich-Erzähler im Nachhinein urteilt, zum Scheitern verurteilt: »No matter how absurd it sounds to me now, I believe that was precisely what I wanted. I was desperate for a certainty, and I was prepared to do anything to find it« (111).

Das Leugnen der Existenz übergeordneter Bezugsrahmen wird in *Moon Palace* nicht etwa als Sieg des Menschen dargestellt. Sowohl Barbers als auch Marcos Verhalten deutet an, dass der Mensch möglicherweise existenzieller Sicherheiten bedarf, die er aber in seiner geschichtlichen Situation nicht vorfindet. Dieses Defizit zwingt den postmodernen Menschen zur Suche nach solchen Sicherheiten. Altvertrautes hat seine Gültigkeit verloren, Neues muss erst mühevoll gefunden werden, wenn es denn überhaupt existiert.

Suche nach Sicherheiten

abstrus: **abstruse**
kläglich scheitern: **to fail miserably**
übergeordnet: hier: **metaphysical**

Das Zufallsprinzip

In einer Welt existenzieller Unsicherheiten stellt sich die Frage nach Prinzipien, die den Gang der Ereignisse auf der Welt steuern, mit besonderer Schärfe. Anspielungen auf die Rolle des Zufalls durchziehen leitmotivisch den Roman. Viele der Begegnungen und Ereignisse sind offensichtlich zufälliger Natur, wenn sie auch nicht explizit so gedeutet werden. Dazu gehören die Namensgleichheit des Astronauten Armstrong mit dem Polizisten, der Marco vom Tod seines Onkels unterrichtet (32); das Zusammentreffen von Kitty und Marco (56 f.); Solomons vergebliche Kontaktaufnahme mit Victor sowie die vielen Unwahrscheinlichkeiten in Solomons unveröffentlichtem Roman.

Rolle des Zufalls

Zahlreicher sind hingegen die expliziten Verweise auf das Zufallsprinzip, d. h. auf eine letztlich unplanbare Zukunft. Der Mensch ist in jedem Augenblick seiner Existenz zu neuen Entscheidungen gezwungen, deren Konsequenzen er nicht übersehen kann, weil ihm weder die Gesetze der Kausalität (96) noch die einer übergeordneten metaphysischen Instanz als Orientierungshilfe dienen. Im Roman gibt es eine ganze Fülle von Begebenheiten, die explizit als Zufälle bezeichnet werden: die Mondlandung der Amerikaner fällt zusammen mit Marcos Verkauf seiner letzten Bücher (51); Kitty und Marco tragen bei ihrem ers-

Anspielung: **allusion**
Verweis auf etw.: **reference to s.th.**
letztlich unplanbar: **ultimately unplannable**
als Orientierungshilfe dienen: **to serve as a point of orientation**

ten Treffen das gleiche T-Shirt (56); einige der Begebenheiten im Central Park werden »miraculous occurrences« genannt (91); seinen Essay über Tesla beendet Marco nicht: »As chance would have it, I never did« (324); schließlich lernt Marco seinen Vater Solomon nur zufällig kennen (328) und schlägt den richtigen Weg zum Pazifik ebenfalls rein zufällig ein (413).

Fehlen eines weltimmanenten Kausalitätsprinzips

In *Moon Palace* wird ein Kosmos entworfen, der weder einem göttlichen Heilsplan noch einem weltimmanenten Kausalitätsprinzip unterworfen ist. So wie nach Ansicht vieler Naturwissenschaftler die Welt einem zufälligen Urknall entstammt, so muss auch das Individuum sich mit dem Zufall als einzig gültigem Prinzip abfinden. Dass dies die Menschen vor große Probleme stellt, wird an den drei Hauptfiguren des Romans ersichtlich. Sie alle sind auf der Suche nach existenziellen Gewissheiten und müssen erkennen, dass ihnen dabei niemand hilft. Sie sind in einer chaotischen Welt nur auf sich selbst angewiesen und müssen sich – wie Marco – ihre Welt in einem mühsamen Prozess selbst erschaffen, so wie auch Leser postmoderner Romane sich ihren Roman gleichsam selbst erschaffen. Die Realität ist nichts objektiv Vorgegebenes, sondern entsteht im Kopf der Leser.

Keine objektive Realität

einer Sache unterworfen sein: **to be subject to s.th.**
Urknall: **Big Bang**
sich mit etw. abfinden: **to put up with s.th.**
auf sich selbst angewiesen sein: **to depend on oneself**

6. Autor und Zeit

Biographie

Angesichts seiner weltweiten Bekanntheit weiß man erstaunlich wenig über die Biographie Paul Austers. Selbst das Internet enthält nur kurze Aussagen über seinen Lebenslauf und sogar die offizielle Auster-Website hält sich mit Aussagen über den Menschen Paul Auster zurück. Sie verweist stattdessen auf die Texte Austers, in denen er sich mit diesem Thema selbst auseinandersetzt. Da aber Aussagen von Autoren über ihr eigenes Leben oft eher fiktiven Charakter haben und keinen Wahrheitsanspruch erheben können, müssen die biographischen Fakten zu Paul Auster aus einer Vielzahl anderer Quellen erschlossen werden.

Problem der Autobiographie

Paul Auster wurde am 3. Februar 1947 in Newark, N. J., also auf der Manhattan gegenüberliegenden Seite des Hudson geboren. Nach der Scheidung seiner Eltern wuchs er zusammen mit seiner fünf Jahre jüngeren Schwester bei seiner Mutter auf, die aus einer polnisch-jüdischen Familie stammte. Die Familie des Vaters war ebenfalls jüdischer Herkunft und stammte aus Galizien am Rande der Karpaten. Nach dem Schulabschluss studierte Paul Auster an der Columbia University in New York Englisch und vergleichende Literaturwissenschaft und schloss sein Studium 1970 mit dem M. A. ab. Sein literarisches Interesse wurde schon in früher Jugend geweckt, als der kleine Paul viele der Bücher seines

Wahrheitsanspruch erheben: **to claim that s.th. is true**
vergleichende Literaturwissenschaft: **comparative literature**

Paul Auster

Onkels, des bekannten Übersetzers Allen Mandelbaum, las. Nach dem Studium ging Auster nach Frankreich, wo er als Übersetzer arbeitete, aber auch erste Texte, vornehmlich Lyrik, für amerikanische Literaturzeitschriften verfasste.

Erste literarische Texte

Von 1974 bis 1978 war Auster mit der gleichaltrigen Lydia Davis, seiner langjährigen Freundin, verheiratet. Das Paar hat einen Sohn Daniel, der 1977 geboren wurde. Die finanziellen Probleme Austers lösten sich erst durch eine Erbschaft nach dem Tod seines Vaters. 1980 zog Auster von Manhattan nach Brooklyn, wo er noch heute mit seiner acht Jahre jüngeren zweiten Frau Siri Hustvedt und seiner Tochter Sophie (geboren 1988) wohnt. Siri Hustvedt stammt aus einer norwegischen Gelehrtenfamilie und wuchs im Bundesstaat Minnesota zweisprachig auf. Wie seine erste Frau Lydia Davis ist auch Siri Hustvedt eine bekannte Autorin, die mehrere Romane, darunter *What I Loved* (2003), verfasst hat.

Erst Mitte der achtziger Jahre gelang Auster ein erster großer literarischer Erfolg. Sein Roman *City of Glass* – zunächst von siebzehn Verlagen abgelehnt – wurde 1985 zusammen mit *Ghosts* und *The Locked Room* als *New York Trilogy* veröffentlicht und brachte Auster großen Ruhm und einen finanziellen Erfolg. In der Folgezeit hat Paul Auster weitere elf Romane geschrieben, veröffentlicht aber weiterhin auch Lyrik sowie Essay-Bände und hat sich in den

Austers künstlerisches Schaffen

Literaturzeitschrift: **literary journal**
Gelehrtenfamilie: **family of scholars**
zweisprachig: **bi-lingual**
Essay-Band: **volume of essays**

letzten Jahren auch dem Film zugewandt. Für die Filme *Smoke* (1995) und *Blue in the Face* (1994) schrieb Auster die Drehbücher.

Wichtige Markenzeichen Austers sind die sehr reichliche Verwendung geographischer, historischer, politischer und autobiographischer Elemente. In einer Reihe von quasi-autobiographischen Texten präsentiert er seine Sicht der Welt. In *City of Glass* etwa gibt es einen Charakter namens Paul Auster, der mit dem Autor sogar die Adresse teilt. Der lange Streifzug Quinns durch Manhattan in dem gleichen Roman lässt sich anhand eines Stadtplans von Manhattan genau nachverfolgen. Erwähnungen politischer und historischer »Fakten« in *Moon Palace* – die Mondlandung, die Expedition Haydens in den amerikanischen Westen aus dem Jahr 1871 (213), die weltweiten Studentenproteste 1968 oder der Vietnamkrieg, um nur wenige zu nennen – zeigen, dass Literatur für Auster nicht unabhängig von der politisch-sozialen Situation ist. In einem Interview[10] legt er dar, dass er zwar als politischer Autor gesehen werden möchte, allerdings nicht in einem propagandistischen Sinn: »Meine Bücher sind politisch, im weitesten Sinne – es geht in ihnen zum Beispiel auch um Macht, um die sinnlose Ausübung von Macht.« Die gegenwärtige politische Situation in den USA beobachtet Auster mit großer Skepsis: die beiden Präsidentschaftswahlen von George W. Bush etwa hält er für gefälscht und ist davon überzeugt, dass er in einer Phase des Untergangs eines Imperiums lebt.

Quasi-autobiographische Texte

Streifzug: **expedition**
nachverfolgen: **to follow, to check**
Ausübung von Macht: **exercise of power**

Für Auster ist das künstlerische Schaffen nicht Selbstzweck. Er integriert politisch-soziale und historische Elemente als Referenzrahmen in seine Romane. Allerdings bezieht er darin nicht explizit Stellung, sondern überlässt es wiederum den Lesern, sich ein eigenes Bild zu machen. Auch die biographischen Elemente dienen lediglich als Referenzrahmen und dürfen nicht ohne Weiteres als Faktengerüst für Austers Biographie herangezogen werden.

Verzeichnis ausgewählter Werke

Lyrik

Unearth (1974).
Wall Writing (1976).
Effigies (1977).
Fragments from Cold (1977).
Facing the Music (1980).
Disappearances: Selected Poems (1988).
Ground Work: Selected Poems and Essays, 1970–1979 (1990).
Autobiography of the Eye (1993).

Prosa

White Spaces (1980).
The Art of Hunger and Other Essays (1982).
The Invention of Solitude (1982).
City of Glass (1986).
Ghosts (1986).
The Locked Room (1986).
The New York Trilogy (1987).

In the Country of Last Things (1987).
Moon Palace (1989).
The Music of Chance (1990).
Leviathan (1992).
The Art of Hunger (1992).
Augie Wren's Christmas Story (1992).
Mr Vertigo (1994).
Timbuktu – A Novel (1999).
The Book of Illusions (2002).
Oracle Night (2003).
The Brooklyn Follies (2005).
Travels in the Scriptorium (2006).

Filme und Fernsehspiele

Smoke / Blue in the Face: Two Films (1995).
Lulu on the Bridge: A Film (1998).
The Inner Life of Martin Frost (2007).

7. Rezeption

Seit Mitte der 1990er Jahre hat sich Paul Auster auf dem Literaturmarkt als feste Größe etabliert. Schon von *City of Glass* erschienen bis 2001 Übersetzungen in mindestens siebzehn Sprachen und auch *Moon Palace* lag bald in dänischer, deutscher, französischer, griechischer, portugiesischer, schwedischer und türkischer Sprache vor. Die weltweite Popularität dieses Romans zeigt deutlich, dass Auster den Nerv einer internationalen Lesergruppe getroffen hat. Trotz seiner komplexen und anspruchsvollen Texte, die dem Leser ein Höchstmaß an Aufmerksamkeit abverlangen, erfreut sich Auster nach wie vor ungebrochener Beliebtheit.

Weltweiter Erfolg

Moon Palace wurde von den meisten Kritikern positiv aufgenommen. Erste Rezensionen erkannten in dem Roman eine Fortsetzung der Tradition des pikaresken Romans, und das aus drei Gründen. Erstens seien die drei Hauptcharaktere fast Karikaturen. Zweitens werde der Roman durch eine Reihung von Unwahrscheinlichkeiten zusammengehalten. Und drittens sei der Zufall das im Roman alles beherrschende Prinzip. Als eine Schwäche des Textes wurde Austers auffällige Neigung, Ideen und Strukturen von ande-

Ein pikaresker Roman?

den Nerv treffen: **to touch a raw nerve**
anspruchsvoll: **demanding**
sich ungebrochener Beliebtheit erfreuen: **to enjoy uninterrupted popularity**
Rezension: **review**
Schwäche: **weakness**

ren literarischen Werken zu borgen, bemängelt. Diese Kritik übersieht allerdings Austers bewusstes Spiel mit anderen Traditionen. Doch sei, wie eine Kritikerin bemerkte, der Roman »so goodhearted and hopeful, so verbally exuberant«[11], dass man über diese Schwäche hinwegsehen könne.

Selbstverständlich stand vor allem Marcos Verhalten im Mittelpunkt des Interesses. Seinen Entschluss, sich dem Chaos der Welt zu überlassen, haben einige Kritiker mit einer Suche nach der geheimen Harmonie der Welt gleichgesetzt. Marcos Lebensart wurde sogar mit dem Verfassen von fiktionaler Literatur verglichen. Austers gekonnte Darstellung einer chaotischen Welt wurde mit der Sinnsuche des postmodernen Menschen in Zusammenhang gebracht: In einer chaotischen Welt, so die Kritiker, sei es gefährlich, Ereignissen und Begebenheiten eine Bedeutung beizumessen, aber es sei ungleich gefährlicher, nicht wenigstens den Versuch zu unternehmen, Bedeutungen zu fixieren.

Der postmoderne Mensch

Auch von literaturwissenschaftlicher Seite wurde dem Roman Aufmerksamkeit geschenkt, allerdings erst ab 1995. Mittlerweile liegt eine ganze Reihe von Aufsätzen, Anthologien und Monographien zu dem Autor und zu *Moon Palace* vor. Dabei stellen die meisten Autoren Auster als einen Vertreter der Postmoderne dar.[12]

Literaturwissenschaftliche Untersuchungen

Hervorgehoben wird vor allem die zentrale Rolle des Zufalls in *Moon Palace*, die eine stringente Handlungsabfolge mit Anfang, Mitte und Ende unmöglich macht, weil in

sich dem Chaos der Welt überlassen: **to abandon o.s. to the chaos of the world**

Monographie: **monograph**

jedem Augenblick zufällige Ereignisse diese Stringenz zerstören können. Austers Verwendung literarischer Konventionen wird als bewusstes postmodernes Spiel im Sinne einer selbstreferentiellen Praxis erkannt: Der Hauptgegenstand des Romans wird der Roman selbst und nicht seine Beziehung zu einer wie immer gearteten Realität. Das hatten die frühen Kritiker übersehen.

In den ersten Rezensionen wurde *Moon Palace* als pikaresker Roman bezeichnet. Die Wissenschaft hat diese Spur weiter verfolgt. Ein pikaresker Roman – auch »Schelmenroman« genannt – beschreibt die Lebensreise eines Helden aus armen Verhältnissen in den materiellen Wohlstand. Diese Reise gelingt nach einem ernüchternden Initiationserlebnis des naiven Helden nur durch die Vernachlässigung moralischer Maßstäbe, die zwar für den »Picaro« (Schelm) nach wie vor gültig sind, aber so lange unberücksichtigt bleiben, bis der Held sich deren Befolgung wieder leisten kann. Sowohl Marco als auch Barber und Solomon könnten, so ein Kritiker, in diesem Sinne als Schelme gesehen werden. Allerdings ist die materielle Not des ursprünglichen Schelms – der erste Schelmenroman war der anonym erschienene *Lazarillo de Tormes* (1553) – nicht, wie etwa in Marcos Fall, das Resultat eines individuellen Entschlusses. Marco begibt sich mit voller Absicht in materielle Not, der Schelm hingegen muss versuchen, sich aus seiner angeborenen Not zu befreien, um seine materielle Lebensgrundlage zu sichern, d. h. überleben zu können.

ernüchterndes Initiationserlebnis: **sobering experience of initiation**

Vernachlässigung: **neglect**

Die Not des Schelms ist existenzieller Natur, die Not Marcos selbstgewählt.

Moon Palace ist auch von literaturtheoretischer Seite erschlossen worden und in den Kontext der aktuellen Narratologie eingeordnet. Dabei spielen die Ansätze der bekannten postmodernen Philosophen (Jacques Lacan, Jacques Derrida, Jean Baudrillard, Paul de Man und Jonathan Culler) eine wichtige Rolle.

selbstgewählt: **self-chosen**
Narratologie: **narratology**

8. Checklist: Revision for Term Papers & Finals

Contents

1. Supply a summary of the life of
   a Marco
   b Julian Barber / Thomas Effing
   c Solomon Barber
2. Supply Marco's family tree.
3. Analyse the relationship between the biographies of the main characters.
4. Summarize *Kepler's Blood.*
5. Compare the relationship between the biographies of the main protagonists with those described in *Kepler's Blood.*
6. Place the novel in its political and historical context
   a concentrating on the characters' names.
   b concentrating on the historical information supplied in *Moon Palace.*

Interpretation

7. What is the significance of the novel's title?
8. Analyse the function of the moon in *Moon Palace.*
9. Describe and compare the various forms of narrating in *Moon Palace* with regard to the reliability of the narrator.

10. Rewrite the first two paragraphs of the novel from the point of view of an omniscient narrator.
11. In what way can Marco's quest be compared to the concept of Manifest Destiny?
12. There is no given order in the universe. Discuss.
13. Describe the relationship between natural facts and reality as described in *Moon Palace.*
14. Describe and evaluate the concept of reality presented in *Moon Palace.*
15. »The mind cannot win over matter« (49) – or can it? Discuss, drawing on *Moon Palace* for illustration.

Creative writing

16. What do you think are the characteristics of the first-person narrator in 1986? Base your arguments on *Moon Palace.*
17. Invent a biography of
    a Marco
    b Kitty
    c Zimmer
    in 1986.
    Use their portraits in the novel as the starting point of your biography.
18. The Native Americans in the painting »Moonlight«.
19. Kitty and Zimmer are looking for their friend.
20. What might have happened if the Gresham brothers had not turned up?

9. Lektüretipps

Textausgaben

Auster, Paul: Moon Palace. New York: Penguin Putnam, 1989.
– Moon Palace. London: Faber & Faber, 1990.
– Mond über Manhattan. Übers. von Werner Schmitz. Reinbek bei Hamburg: Rowohlt, 1992 [u. ö.].
– Moon Palace. Hrsg. von Herbert Geisen. Stuttgart: Reclam, 2001 [u. ö.]. (Universal-Bibliothek. 9083.) – *Nach dieser Ausgabe wird zitiert.*

Rezensionen und Interviews

Edwards, Thomas R.: »Sad Young Men«. In: New York Review of Books. 17. August 1989.
Freitag, Michael: »The Novelist out of Control«. In: The New York Times. 19. März 1989.
Kohlenberg, Kerstin: »Mein Kumpel Brooklyn«. In: Die Zeit (Nr. 15). 6. April 2006.
Kornblatt, Joyce Reiser: »The Remarkable Journey of Marco Stanley Fogg«. In: The New York Times. 19. März 1989.
Naumann, Michael: »›Schau zu, dass es besser misslingt‹«. In: Die Zeit (Nr. 6). 1. Februar 2007. S. 44.

Sekundärliteratur

Alford, Steven E.: »Chance in Contemporary Narrative: The Example of Paul Auster«. LIT 11. 2000. S. 59–82.

Barone, Dennis (Hrsg.): Beyond the Red Notebook. Philadelphia 1995.

Baxter, Charles: »The Bureau of Missing Persons: Notes on Paul Auster's Fiction«. RCF 14. 1994. S. 40–43.

Chénetier, Paul: Auster as the Wizard of Odds: »Moon Palace«. Paris 1996.

D'Haen, Theo und Hans Bertens (Hrsg.): Narrative Turns and Minor Genres in Postmodernism. Amsterdam 1995.

Geisen, Herbert: Nachwort zu: Paul Auster: Moon Palace. Hrsg. von Herbert Geisen. Stuttgart 2001. S. 439–455.

Herzogenrath, Bernd: An Art of Desire: Reading Paul Auster. Amsterdam 1999.

Ickstadt, Heinz: Der amerikanische Roman im 20. Jahrhundert: Transformation des Mimetischen. Darmstadt 1998.

Klepper, Martin: Pynchon, Auster, DeLillo: Die amerikanische Postmoderne zwischen Spiel und Rekonstruktion. Frankfurt 1996.

Ljungberg, Christina: »Constructing New ›Realities‹: The Performative Function of Maps in Contemporary Fiction«. Swiss Papers in English Language and Literature 16. 2003. S. 159–176.

Porter, Roger J.: »Finding the Father: Autobiography as Bureau of Missing Persons«. Auto / Biography Studies 19. 2004. S. 100–117.

Reinhart, Werner: Pikareske Romane der 80er Jahre. Ronald Reagan und die Renaissance des politischen Erzählens in den USA (Acker, Auster, Boyle, Irving, Kennedy, Pynchon). Tübingen 2001.

Rubero, Ugo: »Intertextual Labyrinths in Paul Auster's Fiction«. America Today: Highways and Labyrinths. Syracuse 2003. S. 513–520. *[Sehr nützlich für Leser, die an der literaturwissenschaftlichen Einordnung des Romans interessiert sind.]*

Springer, Carsten: Crises: The Works of Paul Auster. New York 2001.

Varvogli, Aliki: The World That Is the Book: Paul Auster's Fiction. Liverpool 2001.

Versluys, Kristiaan (Hrsg.): Neo-Realism in Contemporary American Fiction. Amsterdam 1992. *[Enthält das sehr nützliche 5. Kapitel zu* Moon Palace. *Das 6. Kapitel scheint theoretisch überfrachtet und ist wohl für den Schulgebrauch weniger geeignet.]*

Anmerkungen

1 Vgl. die Abbildung auf S. 47 und in der Textausgabe (UB 9083) auf S. 453.
2 Entgegen der Darstellung Austers (13) war Stanley Brite.
3 Dass diese Bewertung von dem Ich-Erzähler und nicht von dem jungen Marco vorgenommen wird, geht aus dem im Präsens – und nicht wie sonst im Präteritum – gehaltenen Wortlaut hervor.
4 H. Geisen, Nachwort zu Paul Auster, *Moon Palace*, hrsg. von H. Geisen, Stuttgart 2001, S. 449.
5 Vgl. Steven Weisenburger, »Inside *Moon Palace*«, in: *Beyond the Red Notebook*, hrsg. von Dennis Barone, Philadelphia 1996, S. 132.
6 Vgl. Manfred Pfister, *Das Drama*, München 1977, S. 20 f.
7 Vgl. Geisen (Anm. 4), S. 442 f.
8 Daher ist der Titel der deutschen Fassung des Romans *Mond über Manhattan* unglücklich gewählt.
9 Geisen (Anm. 4), S. 440; Ickstadt (1998), S. 196.
10 *Die Zeit*, 1. Februar 2007.
11 So Joyce Reiser Kornblatt in: *The New York Times*, 19. März 1989.
12 Vgl. die Arbeiten von Heinz Ickstadt und Bernd Herzogenrath.

Raum für Notizen